PÉLERINAGE

A LA

SAINTE - BEAUME.

PARIS,

IMPRIMERIE ECCLÉSIASTIQUE DE BÉTHUNE,

IMPRIMEUR DE LA SOCIÉTÉ CATHOLIQUE,

RUE PALATINE, N° 5, PRÈS SAINT-SULPICE.

PÉLERINAGE

DE DEUX PROVENÇAUX

AU COUVENT DE LA TRAPPE

DE LA

SAINTE - BEAUME.

(JUILLET 1825. — MAI 1826.)

Viam trium dierum pergemus in solitudinem, et sacrificabimus Domino Deo nostro...... (Ex. 8. 27.)

SE VEND AU PROFIT DES TRAPPISTES.

A PARIS,

A LA SOCIÉTÉ CATHOLIQUE DES BONS LIVRES,
RUE SAINT-THOMAS-D'ENFER, N. 5 ;
ET AU BUREAU DU MÉMORIAL CATHOLIQUE,
RUE DES BEAUX-ARTS, N. 5.
1830.

AVANT-PROPOS.

Il y a quelques années, un avocat près la Cour de Cassation, célèbre à plus d'un titre, alla faire un voyage dans le midi de la France, pour se distraire de ses graves occupations. Il se trouvoit à Marseille lorsque quelques religieux du couvent de la Trappe de la Sainte-Beaume se présentèrent sur son chemin. Ces pauvres gens étoient bien éloignés de se douter (et ils l'ignorent probablement encore) qu'ils alloient causer une surprise fort désagréable à ce bon Me Isambert. Quoi qu'il en soit, cette soudaine apparition lui fit une frayeur mortelle. Plusieurs ont même assuré que son retour à Paris en fut précipité. Le fait est qu'à son arrivée, il alla, tout ému, se plaindre au *Courrier François*. Celui-ci trouva fort mauvais que des hommes à capuchon et à robe longue eussent eu la hardiesse de se montrer dans la rue aux yeux d'un personnage d'une telle importance, et les en gourmanda vertement. Revenu de son premier trouble, M⁰ Isambert alla plus loin encore, et lança contre eux une *dénonciation.*

Cela n'empêche pourtant pas que M⁰ Isambert n'aime passionnément la liberté. Mais porter le capuchon, se revêtir d'une bure blanche ou brune, et puis prier, et puis se condamner à un silence perpétuel, quelle licence! Or, vous saurez que M⁰ Isambert ne peut pas souffrir les sournois : cela n'est pas dans son caractère. Il veut des religieux riant, folâtrant, faisant la quête en tilbury, chantant les louanges du Seigneur dans les *Chansons de Béranger,* il veut presque des *religieux-fashionables.* Pour ceux-ci, liberté de penser, de parler, d'écrire, de faire, liberté illimitée! Après cela, si d'autres viennent réclamer la faculté de prier ensemble et de se taire, vite on les dénoncera. Quoi! vous ne voulez pas de la liberté de tout dire, de tout exprimer, et vous osez ensuite réclamer la liberté du silence!

Bien mal a pris, comme on le voit, à ces religieux de n'avoir pas deviné que le célèbre jurisconsulte étoit tant soit peu ombrageux. Certainement, s'ils l'avoient su, ils auroient remis leur quête au lendemain.

Mais, en vérité, comment le supposer ?
Me Isambert habite Paris. Or, dans cette
capitale, combien de fois n'a-t-il pas vu
des hommes, des femmes bigarrés de bleu,
de rouge, de violet, de toutes les couleurs ?
Il y a vu des Osages ; il y a vu des Chinois,
et cependant il ne s'est plaint qu'une fois,
et de qui ? de pauvres religieux qui se
trouvent à deux cents lieues d'ici ! En
vérité, on n'est pas tenu, à cette distance,
de se conformer rigoureusement au *Journal
des Modes*.

On nous apprend que M Isambert se
propose de *faire* une religion nouvelle.
Nous ignorons quels sont les principaux
dogmes du symbole-Isambert ; nous ignorons quels sont les statuts que devront
suivre les fidèles et les disciples de sa doc-
trine. Tout ce que nous pouvons affirmer
c'est que ses religieux ne porteront pas de
capuchon, et que le silence ne sera pas
compris au nombre de leurs règles. Hors
cela, il y aura une multitude d'autres
choses qui seront regardées comme éminemment *légales*, ce qui ne veut pas dire
néanmoins qu'elles devront être considérées
comme éminemment *licites*.

Les deux amis qui, à deux différentes
reprises, ont fait une visite aux Trappistes

de la Sainte-Beaume, et qui en ont écrit les détails, sans prétention, arrivent un peu tard pour tranquilliser M⁰ Isambert. Cependant, ils peuvent certifier que leur voyage a été des plus heureux, et que, soit sur la route qu'ils parcouroient à pied, soit chez ces religieux hospitaliers, leur vie, par le fait de ces derniers du moins, n'a été exposée à aucun danger.

J. O.

PÉLERINAGE

DE DEUX PROVENÇAUX

AU COUVENT DE LA TRAPPE

DE LA SAINTE-BEAUME.

(JUILLET 1825.)

Chaque province a un lieu révéré, auquel se
rattachent de pieux souvenirs, de pieuses tra-
ditions; que la foi publique a constamment
entouré d'hommages; que le pélerin visite, et
où l'homme du monde, l'incrédule même va
chercher des inspirations religieuses. L'origine
de plusieurs de ces dévotions se perd dans la
nuit des temps; d'autres remontent jusqu'à la
naissance du christianisme. Tous les ans, au
retour de la fête, les peuplades des environs
viennent se ranger sous leurs diverses banniè-
res, et, la croix à leur tête, elles se dirigent
vers la chapelle solitaire, en portant les reliques du saint. Dans certains endroits, des jeux
sont institués pour ces fêtes populaires; et la
religion, *qui ne semble avoir d'objet que la
félicité de l'autre vie* (1), prend encore nos

_____

(1) Montesquieu.

I

plaisirs sous sa protection et se charge de nos réjouissances.

Il est, en Provence, une montagne appelée la *Sainte-Beaume* (1), à cause d'une grotte qu'on y voit. Selon une ancienne tradition, approuvée par l'Église (2), sainte Madeleine au-roit choisi cette grotte pour en faire le séjour de sa pénitence. Quoi qu'il en soit, ce lieu est renommé par d'illustres pélerinages. La singu-larité du site, et plus encore, une sainte cu-riosité, y ont attiré de tout temps des rois de France, des princes, des papes, des cardi-naux, et surtout des comtes de Provence, qui, presque tous, se sont plu à l'enrichir et à l'or-ner. Et les peuples, pour qui de tels exemples ne sont jamais perdus, à deux jours marqués de l'année, s'y rassemblent en procession des paroisses circonvoisines. Le lundi de la Pente-côte et le jour de sainte Madeleine, une foule pieuse accourt de toutes parts porter un tribut de reconnoissance à la puissante protectrice qui conserve les troupeaux et les moissons, et éloigne les désastres et les maladies.

Quelque désir que nous eussions, M. le che-valier de S..... et moi, de voir la Sainte-

(1) *Baoumo* signifie en provençal les cavités qu'on trouve dans les montagnes ; et *Baou,* une masse de rochers : le *Baou de Bretagne.*

(2) Voyez entre autres bulles de plusieurs Papes, la 9ᵉ de Sixte IV, de l'an 1477, et la 13ᵉ d'Adrien VI, de l'an 1523.

Beaume, ce spectacle, quoique très-touchant, ne nous avoit point séduits. Nous voulions contempler la solitude en solitaires; nous voulions admirer la nature dans le silence et loin des distractions humaines.

Nous quittâmes donc la ville d'Aix, le 26 juillet 1825, à trois heures du matin, et nous nous dirigeâmes vers *Saint-Maximin*, à travers la grande plaine de *Pourrières*, deux mille ans auparavant ensanglantée par une bataille que Marius remporta sur les Cimbres et les Teutons (1). Maintenant la rivière de *l'Arc* coule aux pieds des ruines d'un arc de triomphe élevé en l'honneur de ce guerrier. Chaque jour les eaux entraînent dans leur cours quelques pierres qu'elles détachent en passant, jusqu'à ce qu'enfin ce monument disparoisse tout entier et qu'il n'en reste aucune trace. Ainsi les siècles dévorent les débris de la gloire humaine, et les anciens avoient raison de représenter le temps sous l'image mobile d'un fleuve.

Arrivés à *Saint-Maximin*, notre premier soin fut d'aller admirer l'église, un des plus beaux monuments du xiiie siècle, et que Charles II, roi de Sicile et comte de Provence, enrichit de beaucoup d'ornements. Ensuite, le bâton blanc à la main, nous partîmes à pied pour la Sainte-Beaume. Le chemin que nous prîmes avoit été fait à l'époque où Louis XIV vint visiter les

_____

(1) Voy. la note **A**, à la fin de l'ouvrage.

mêmes lieux(1).Heureux pays, où un Français ne peut faire un pas pour le bien, sans trouver sur son passage des traces d'un de ses rois! La nuit nous surprit au milieu d'une vaste forêt, à une lieue du couvent des Trappistes, auxquels nous allions demander l'hospitalité.

Je ne m'étois jamais trouvé, à dix heures du soir, sur de hautes montagnes couvertes de bois, loin de toute habitation, et peut-être obligé de passer la nuit à l'abri d'un rocher. Aussi je n'avois jamais éprouvé ce charme indéfinissable, cette douce mélancolie qui s'emparent de ces aventureux qui sacrifient tout d'un coup les agréments de la vie, la sensualité, le sommeil, le repos, la société, pour trouver d'autres douceurs dans la fatigue, la contemplation, les dangers. Nous éprouvâmes, comme un voyageur célèbre (2), qu'il y a dans l'air des montagnes un charme inconnu aux habitants des villes. Qu'on ajoute à ces idées, tant soit peu *romantiques*, des idées plus graves sur le but de notre voyage, et l'on concevra que ce mélange d'images riantes, d'impressions fortes, que faisoient naître tour à tour les scènes de la nature, le voisinage des Trappistes, dut nous inspirer de sévères pensées. Solitaires pour quelques instants, nous allions demander asile à des solitaires pour toute une vie. Je ne sais quoi de calme et de paisible au - dedans de nous

(1) Voy. la note B, à la fin de l'ouvrage.
(2) Bernardin de Saint-Pierre.

nous annonçoit que nous touchions à l'asile de la paix. Éloignés du monde, nous semblions aussi nous éloigner de notre siècle, en allant voir des institutions d'un autre âge, et de modernes exemples de ces vieux dévouements que la piété inspiroit, et que le ridicule s'efforce de flétrir. Dans ce moment, ces idées de bonheur, de félicité qui poursuivent l'homme dans toutes les positions de la vie, se présentoient à mon esprit sous un aspect tout-à-fait inconnu. Sans me sentir la force de me soumettre à l'austérité de la règle des Trappistes, j'aimois à me persuader que ces hommes n'étoient pas sans éprouver quelques douceurs dans leur retraite. Je croyois avoir trouvé le moyen de rendre la vie plus longue en la débarrassant de ces soins importuns, de ces plaisirs tumultueux, de ces sensations rapides qui se succèdent si brusquement dans le tourbillon du monde, et qui ne laissent au fond de l'âme qu'une vague et fatigante satiété. Je rêvois une existence plus pleine, moins partagée avec les hommes, et qui, comme à moi, leur eût été plus utile.

Bientôt nous sortîmes de la forêt pour entrer dans des champs cultivés : c'étoient les propriétés des Trappistes. Le son de la cloche du troupeau, qui depuis long-temps nous guidoit, devenoit plus fort; nous approchions. Le berger nous indiqua le sentier qui mène au monastère, où nous arrivâmes au milieu de la nuit, à la clarté de la lune qui, dans d'autres temps, avoit éclairé d'autres pélerinages.

La maison des religieux est tout simplement une ferme en carré long du nord au midi. Nous entrâmes dans une cuisine où brilloit un four ardent. Nous y trouvâmes deux frères occupés à faire cuire du pain; l'un d'eux étoit le frère hôtellier; ce fut lui qui nous reçut.

Le réfectoire vient après la cuisine. Une lampe dont la lueur incertaine se perdoit dans la profondeur de ce lieu obscur, éclairoit le repas d'un frère qui revenoit du village voisin, où il étoit allé chercher des provisions. Le frère hôtellier le servoit sans rien dire. Le silence est la première de leurs règles et la plus rigoureuse. On ne voyoit point sans intérêt ces bons religieux, *dont la conversation est dans le ciel* (1), répéter, sans s'impatienter, le même signe jusqu'à ce qu'il fût compris.

La maison habitée par les religieux et les terres qui l'environnent appartenoient, il y a un an, à M. d'***. Leur valeur réelle est de 50,000 fr., bien que le contrat de vente n'en porte que 36,000. Ceux qui connoissent M. d'*** savent à quoi s'en tenir sur cette vente. Et ces biens, depuis un temps immémorial,

_____

(1) S. Paul, Epist. ad Philip., cap. 3, v. 17.

étoient appelés dans le pays le *Lot des Pères.*
Singulière coïncidence !

Le frère hôtellier nous fit passer dans le réfectoire, où il nous servit une partie des provisions que l'on s'étoit procurées pour Mgr. l'É-
vêque de Fréjus, qui venoit de leur faire une
visite de trois jours. Nous soupâmes donc avec
des amandes, des poires, de l'oignon, du
fromage, du vin très-aigre, et du pain presque
noir, mais propre et d'un fort bon goût. Ce
repas que dans une auberge nous eussions
repoussé avec un superbe dédain, chez les
Trappistes, nous parut délicieux. Pour nous,
hommes du monde, il y avoit quelque charme
dans cette ressemblance passagère avec des
êtres qui n'en sont plus, et qui nous sembloient
placés sur cette dernière limite qui sépare la
vie de l'éternité.

Le religieux nous quitta un moment, et re-
vint bientôt après nous dire qu'il avoit préparé
nos lits; mais il ajouta qu'ayant disposé déjà
des chambres destinées aux étrangers, il étoit
forcé de nous faire passer la nuit dans le dor-
toir commun. Nous le suivîmes dans un escalier
assez mauvais. Il nous conduisit dans le dor-
toir, et se retira en nous priant de vouloir bien
garder le silence. Tout autour du mur sont rangés de petits lits de planches de la largeur de deux
pieds. C'étoit là que reposoient les religieux : ils
dormoient tout habillés sur la planche nue,
avec une simple couverture de laine et un sac

de paille pour appuyer la tête. Pour nous, on nous avoit donné deux couvertures. Le lit de M. S..... étoit auprès d'une fenêtre qu'on avoit fermée avec deux tamis : c'étoit ce qu'on avoit trouvé de meilleur pour nous garantir de l'air extérieur. A une heure, la cloche nous réveilla ; c'étoit l'heure du lever des religieux. Au premier coup de cloche, tous ces pères se lèvent en silence pour aller à l'office. On voyoit s'allonger tantôt dans l'ombre, tantôt à la pâle clarté d'une lampe vacillante, comme des spectres blancs et noirs ; on les voyoit s'avancer lentement à la file, et disparoître successivement dans un escalier obscur. Je considérois attentivement ce spectacle, lorsque trois coups de pied, donnés assez rudement à mon lit de planches, me forcèrent de me relever sur mon grabat. Un Trappiste m'ayant pris pour un frère encore endormi crut devoir me réveiller ; mais, me voyant sans capuchon, il se retira.

Le bruit des pas des religieux se prolongea encore quelque temps au-dessus de ma tête, puis diminua insensiblement, et enfin régna un grand silence. Tout à coup un murmure confus de voix graves, qui, par intervalle, étoit entrecoupé de pauses, lui succéde ; c'étoit l'office de matines.

Leur chapelle est divisée en deux parties. Dans la partie inférieure, se rangent les frères convers. Ils sont réduits à un tel état de dénuement que deux vieux tonneaux servent d'appui à la table sur laquelle ils placent les habits sacerdotaux et les ornements sacrés. Après la messe, ils vont au travail. Ils prennent leur repas à midi, et reposent depuis une heure jusqu'à trois. Ils achèvent l'office et retournent aux champs jusqu'au soir. Si la pluie vient à les surprendre, ils sont obligés de laisser sécher leurs habits sur leur corps, en sorte que, dans la froide saison, ils portent souvent des flocons de neige et des glaçons suspendus jusqu'à ce que la chaleur naturelle ou l'exercice les ait fait fondre. Ils dorment tout habillés, et ne quittent leurs vêtements que pour les laver. Leur souper a lieu à sept heures et leur coucher à huit. Les dimanches et les fêtes, ils se lèvent à onze heures dans la nuit. Leur réveil précède ainsi le *jour du repos,* qui, par la continuité de leurs exercices et de leurs prières, deviendroit une journée accablante, s'ils ne trouvoient leur repos le plus doux à chanter les louanges du Seigneur. Mais ce qui paroîtra incroyable à ceux qui ne sont pas accoutumés à mortifier leurs sens, c'est que, pendant le carême, ils se lèvent à la même heure; chantent l'office pendant toute la nuit, debout ou à genoux; travaillent une grande partie du jour; entendent la messe, et ne font qu'un seul repas à quatre heures du soir.

Ainsi vivent ces hommes dans lesquels une

politique étroite n'avoit vu que des êtres inu-
tiles. Et c'est qu'aux yeux d'une philosophie
superbe, tout ce qui tend à conserver, à ranimer la foi d'un peuple; tout ce qui rappelle
ces grandes et magnifiques institutions dues au
génie du christianisme, et fondées pour le
bonheur des hommes, tout cela est inutile.
Quoi qu'il en soit, il étoit digne de cette religion qui seule a le secret du cœur humain, en
même temps qu'elle seule connoit les vrais be-
soins de la société, d'ouvrir un asile à ces êtres
qui ne sauroient admettre de partage dans le
sacrifice d'eux-mêmes, et surtout à ces êtres à
grandes passions, qui, rassasiés d'un monde
qu'ils ont rempli de leurs désordres, ne pou-
vant plus supporter le vide immense qu'ils ont
creusé dans leur âme, accablés de leur néant,
vont chercher du calme dans la solitude, et,
dans le dénuement des choses de la terre, quelque chose de réel.

Tout, dans cette institution, me semble con-
fondre la raison autant qu'édifier la piété. On
sait que ces religieux, en quittant le monde,
perdent jusqu'à leur nom de famille. Ils réalisent
dès cette vie un ordre de choses qui ne doit
exister que dans l'éternité. Nous sommes tous
enfants de Dieu; les liens de la nature ne sont
que des moyens de perpétuer la race humaine, et
ils sont nécessaires dans ce monde pour les fins
de la Providence dans l'autre où ils disparoî-
tront, parce que l'ordre de génération y fera

place à l'ordre de stabilité. Les élus ne verront dans les autres élus que les enfants du même père, rachetés par le sang du même Dieu. Eh bien ! ces liens de famille qui seuls peut-être donnent quelque prix à cette existence fugitive, les Trappistes n'ont pas attendu la mort pour les briser et les ensevelir dans le tombeau. Et c'est pourquoi des esprits superficiels ont reproché à leur institution d'être contre nature. Mais voyez quelle sublime compensation ! assistez aux dernières clartés d'un jour qui s'éteint, à une de ces conférences solennelles où le père abbé prend la parole pour dire : *Mes frères, le père, la mère, la sœur d'un d'entre nous vient de mourir ; prions pour son âme.* Et il les laisse ensuite à leurs pressentiments. Il en est beaucoup qui peuvent se dire : c'est moi peut-être qui suis orphelin ! Ici chacun est intéressé. Le malheur d'un seul les frappe tous. Non, sous cette bure grossière, une âme ardente aime et souffre ; sous ce vêtement de mort, un cœur bat encore. Y a-t-il au monde quelque chose de plus beau que cette communauté de larmes et d'afflictions, cette solidarité de douleurs et de prières parmi des gens qui ignorent jusqu'aux noms de ceux qui les entourent, et qui vivent et meurent sans se connoître !

Le lendemain on nous dit que les autres voyageurs étoient déjà partis pour la Sainte-Beaume, accompagnés d'un Trappiste. Parmi ces voyageurs se trouvoit aussi un prêtre. Après avoir donné nos noms à ces religieux, et les avoir remerciés, nous prîmes congé de ces bons pères qui nous avoient reçus si charitablement, et, comme le P. *François Munoz* de la Terre-Sainte, avec un cœur *limpido e bianco* (1). Ils nous engagèrent, en les quittant, à ne pas nous en tenir à cette visite; et nous leur promîmes de revenir au printemps prochain.

Nous nous dirigeâmes, au midi, vers la forêt. Elle s'étendoit jadis sur toute la plaine où l'on voit le monastère. Maintenant elle ne couvre plus que le pied de la montagne qui s'allonge de l'est à l'ouest. Cette plaine, du sein de laquelle s'élançoient de grands arbres, ne présente plus qu'un terrain ingrat, cédant à regret aux efforts du laboureur; et là où l'érable avoit vécu plusieurs siècles, le grain de blé peut à peine trouver les sucs qui le nourrissent. Mais tout d'un coup quel contraste! la terre a repris sa fécondité primitive. A côté de sa nudité, elle offre sa riche et brillante parure. La température s'adoucit, et ces bois silencieux deviennent impénétrables à la froide haleine de la bise. Ce n'est plus la même nature ni le même climat; on croit être transporté dans un autre hémisphère. Le voyageur se promène à l'ombre des chênes, des ifs, des houx, des sapins, des pins, des tilleuls, des mélèzes. De jeunes arbris-

(1) Voy. l'*Itinéraire* de M. de Châteaubriand.

seaux s'élèvent à l'ombre protectrice de ces
vieux géants de la forêt. Plusieurs chênes que
la foudre a frappés présentent d'un côté leurs
branches sèches et fracassées, et de l'autre
une touffe épaisse et vigoureuse. De temps en
temps, des troncs morts apparoissent comme
des ruines au milieu d'un vide immense. Toujours l'image de la mort se mêle aux scènes les
plus vivantes de la nature. Des blocs de
granit, après avoir roulé de rochers en rochers, sont venus s'accouder contre le flanc
de l'érable vermoulu. Sous ces voûtes, sous
ces dômes mystérieux on n'entend d'autre
bruit que celui de quelques branches qui se
détachent de leurs tiges en faisant frissonner
légèrement le feuillage. Quelquefois le chant
des oiseaux venoit nous avertir que nous n'é-
tions pas les seuls êtres vivants dans cette solitude.

C'est à travers cette forêt que nous rejoi-
gnîmes les autres voyageurs qui nous avoient
devancés sous la conduite du Trappiste. Ce
guide muet marchoit à la tête de la caravane
bruyante. Mais sitôt que nous fûmes arrivés
au haut de la terrasse, tout le monde se tut,
et la voix seule du religieux se fit entendre
dans la solitude. Là, entre la grotte de sainte
Madeleine, l'ancien monastère des Dominicains,
le couvent des Pères de la Trappe, que l'on
apercevoit dans la plaine; en présence de ces
rochers antiques et de ces vieux monuments
de la Religion, il nous fit une lecture sur les

vanités du monde. La nature de ces lieux suf-
fisoit seule pour dégoûter du monde celui qui
n'en connoît pas encore toutes les illusions.
Mais est-il besoin de chercher le silence pour
apprendre à ne plus l'aimer? Jusque dans ses
pompes les plus brillantes, il y a un je ne sais
quoi qui le trahit et qui semble nous dire que
tout, chez lui, est faux, trompeur et perfide.
On ne peut se défendre d'un sentiment de
tristesse au milieu des fêtes en apparence les
plus joyeuses. Le plaisir nous avertit lui-même
qu'il est loin d'être le bonheur, et le monde
s'efforce en vain de nous dérober son néant
derrière le voile éclatant de ses folies.

Le lecteur s'arrêtoit par intervalles; la troupe
alors entonnoit des cantiques et le chant du religieux se mêloit à nos chants.

Après la lecture, nous entrâmes tous dans
la chapelle où le prêtre étranger fit ses prépa-
ratifs pour la célébration de la messe. Nous
profitâmes de ces instants pour considérer avec
attention ce lieu vénéré. Le couvent des Dominicains placé en face de la terrasse fut
abattu en 1815, mais il a été reconstruit presque aussitôt. C'est une singulière destinée
que celle de ce lieu, et il faut ici surtout
admirer cette puissance de conservation attachée à tout ce qui est de la Religion, je dirai
presque, cette opiniâtreté de la Religion elle-
même, bien capable de déconcerter les projets
de ceux qui rêvent encore son anéantissement.
Ce désert n'a vu tomber sous des mains for-

cenées le paisible asile des religieux que pour
voir s'élever bientôt à la même place un couvent de Trappistes; car ceux-ci doivent habiter
ce monastère dès que leur nombre leur per-
mettra de se diviser. C'est une heureuse idée
d'avoir fait de la retraite d'une grande pécheresse un séjour de larmes et d'expiations.
Ainsi une tradition religieuse, que les générations reçoivent et transmettent aux générations
comme un bien héréditaire, se perpétue d'âge
en âge à travers les révolutions qui changent
tout dans le monde, et une seule chose reste
immuable.

Un escalier en pierre blanche conduit de la
terrasse à la grotte. Le maître-autel, entouré
d'une balustrade, est placé sous un dôme, pres-
qu'en face de la porte d'entrée. Louis XI a
lui-même donné sur les lieux le dessin du
dôme. Sa statue et celle de Charlotte de Savoie
son épouse existent encore sur deux des coins
de la balustrade. Le retable et les ornements de
la chapelle, incrustés de jaspe, furent donnés
par le duc de Lesdiguières, dont on voit les
armoiries écartelées de celles de la maison de
Créqui. Tout le sanctuaire a été construit en
marbre blanc. Au fond de la grotte se trouve
la statue de sainte Madeleine, sculptée par
le Pujet. Vers le côté droit de la grotte, on
descend par un grand escalier dans la grotte
souterraine. Dans ce lieu obscur et humide,
on distingue les effigies de François Ier et de
Claude de France, son épouse. Les FF. couron-

nées ne laissent aucun doute à cet égard. Les connoisseurs apprécient ces monuments. En suivant encore la pente, on arrive à une source d'une eau très-pure, et une ouverture pratiquée en forme de puits dans la grotte supérieure permet aux pélerins de remplir des bouteilles de cette eau qu'on dit être miraculeuse (1).

Le culte de cette chapelle remonte aux temps les plus reculés. Après la mort de sainte Madeleine, saint Maximin en confia la garde aux moines de saint Cassien, qui a donné son nom à une autre partie de la montagne. En 1079, d'après l'ordre du pape Grégoire VII, ces religieux furent remplacés par les Bénédictins qui, à leur tour, furent remplacés, en 1280, par les Frères-Prêcheurs ou les Dominicains. Charles II, prince de Salerne et comte de Provence, fut l'auteur de cette dernière réforme. C'est à cette époque qu'il faut rapporter l'invention des reliques et de la châsse de sainte Madeleine, ainsi que la construction de l'ancien monastère de la Sainte-Beaume. L'histoire de cette chapelle se lie de trop près à celle de l'église de Saint-Maximin pour qu'on puisse les séparer. Cette dernière église étoit desservie par les moines bénédictins de Saint-Victor-les-Marseille; et ce fut en 1281, que les reliques et la châsse de la sainte y furent transférées; mais en 1292, elle fut construite telle qu'elle est

_____

(1) Voy. la note C, à la fin de l'ouvrage.

aujourd'hui ; et le même Charles II dépensa des sommes considérables pour l'enrichir et l'orner ; il y établit définitivement les Frères-Prêcheurs de l'ordre de Saint-Dominique, et trois ans plus tard, en 1295, le pape Boniface VIII confirma ces religieux.

L'ardeur des pélerinages qui se manifesta vers le xi⁰. siècle, contribua beaucoup à rendre célèbre la dévotion de la Sainte-Beaume. Saint Louis y vint en 1254. Ce saint roi termina son pélerinage à la Terre-Sainte par un pélerinage à la grotte de Sainte-Madeleine, et après avoir combattu aux lieux où la croix fut élevée, il alla prier sur la montagne, où vint mourir la pécheresse qui avoit aussi prié au pied de la même croix.

La Sainte-Beaume a été successivement visitée par Jean Iᵉʳ en 1352; par Charles VI en 1379; par Louis XI en 1447; par Anne de Bretagne en 1503; par François Iᵉʳ, Claude de France son épouse, et la duchesse d'Alençon sa sœur, en 1516; par Henri II en 1532; par Charles IX, Henri III et Henri IV en 1551; par Louis XIII en 1622; par Anne d'Autriche qui paroît être venue plusieurs fois en Provence, et par Louis XIV en 1660 (1).

» On sait qu'Anne d'Autriche, dit M. l'abbé » de Villeneuve (2), avoit fait faire une neu-

---

(1) *Notice sur la Sainte-Beaume*, par M. l'abbé de Villeneuve, aujourd'hui évêque de Verdun.

(2) Voy. la note D, à la fin de l'ouvrage.

3

» vaine à la Sainte-Beaume, ainsi qu'à Notre
» Dame-de-Grâce, chapelle et pélerinage éga-
» ment célèbres dans la commune de Cotignac,
» pour obtenir, après une longue stérilité, un
» fils qui fut Louis XIV; et c'est peut-être à cet
» exemple mémorable que nous devons l'usage
» introduit à Marseille et dans les environs.
» Dans l'année de leur mariage, toutes les nou-
» velles mariées viennent en pélerinage à la
» Sainte-Beaume pour n'être pas frappées de
» stérilité. L'exemple d'Anne d'Autriche et le
» succès obtenu durent être un événement mar-
» quant dans nos contrées, et cet exemple fut
» suivi par un grand nombre de personnes » (1).

On aime à voir ces usages touchants, passer
ainsi de siècle en siècle, et offrir, au milieu de
la corruption du nôtre, l'image de la simplicité
des mœurs antiques. C'est à ces exemples au-
gustes que les rois de France ont donnés de
tout temps à leurs peuples, que l'on doit peut-
être la conservation de la foi dans plusieurs
provinces. Il faut ajouter qu'en mémoire de
leur pélerinage à la Sainte-Beaume, les jeunes
époux vont placer, loin des regards des passants
et dans les lieux les plus inaccessibles, de petits
tas de pierres, et qu'ils font dépendre de leur
conservation le bonheur de leur union. Nous
vîmes plusieurs de ces fragiles monuments
élevés, si l'on veut, par la superstition. N'im-

(1) Voy. la note E à fin de l'ouvrage.

porte : on peut assurer que les croyances se
sont conservées là où de semblables coutumes
ne se sont pas perdues.

Tandis que nous parcourions ces lieux avec
tout l'intérêt qu'ils inspirent, plusieurs jeunes
filles vêtues de blanc arrivèrent du village le plus
voisin. Nous entrâmes dans la chapelle. La foule
étoit plus nombreuse que dans la plupart de nos
églises. La messe fut précédée d'une oraison
faite à haute voix par le Trappiste, sur la nécessité de la pénitence, à l'exemple de sainte Madeleine. Lorsqu'elle fut terminée, le Trappiste
entonna des cantiques, et les chanta alternativement avec le chœur pendant la célébration
de l'auguste sacrifice. Pour nous, qui avions
entendu les mêmes chants dans les sublimes
et touchantes cérémonies des missions, nous
croyions encore, au milieu de ce désert, assister
à une fête de famille. Il falloit être témoin de la
vive foi, de l'accent de conviction avec lequel
le saint religieux exprimoit les vérités dont il
étoit pénétré lorsqu'il s'écrioit :

> C'en est donc fait, ô Dieu Sauveur !
> A vous seul je donne mon cœur.
> Oui, ce cœur vous est consacré;
> Je veux que toujours il vous aime.
> J'en atteste le don sacré
> Qu'il tient de votre amour extrême.
> C'en est donc fait, ô Dieu Sauveur !
> A vous seul je donne mon cœur.

Ces paroles sembloient sortir du fond de son

âme ; et l'élan de son cœur, et l'énergie de sa voix annonçoient assez que depuis long-temps le don de tout son être n'étoit plus un sacrifice.

Au moment de la communion, presque tous les assistants se présentèrent à la sainte table. Ce fut le dernier sujet d'édification qu'ils nous donnèrent ; et, tandis que le Trappiste montoit à l'autel après le prêtre étranger, pour célébrer la messe d'actions de grâces, nous sortîmes de la grotte pour continuer notre route.

Au-dessus du rocher taillé à pic de la Sainte-Beaume, sur le lieu le plus élevé de la montagne, et presque perpendiculairement à la grotte, se trouve le *Saint-Pilon*, ancienne chapelle ainsi appelée parce qu'on y voyoit autrefois un pilier surmonté de la statue de sainte Madeleine (1). Pour y arriver, nous suivîmes le chemin pratiqué dans la forêt et indiqué à de très-courts intervalles par de grandes croix. Partout le chrétien trouve le *chemin du Ciel :* ces grandes croix rappellent au voyageur et au berger les stations de notre Seigneur Jésus-Christ au Calvaire. A Rome aussi, dans le Colisée, on a pratiqué des stations. La Religion seule pouvoit paroître grande en présence de ces vieux souvenirs de la grandeur des Romains.

Nous parvînmes enfin au *Saint-Pilon*, d'où

_____

(1) Voy. la note F, à la fin de l'ouvrage.

l'on découvre très-facilement au bout de l'ho-
rison, les Alpes, les montagnes de Moustiers,
celles de Lure, le Luberon. Le côté du midi
où l'on ne voit que des landes et des côteaux
arides, au-delà desquels l'œil s'égare sur la
Méditerranée, contraste très-bien avec les
montagnes du nord couvertes de bois et de
moissons. De cette hauteur on ne peut regarder sans effroi la plaine qu'on a sous les yeux.
L'œil plonge dans la forêt, qu'il aperçoit comme
une petite prairie au fond d'un précipice.

Nous eussions mieux fait de revenir sur nos
pas et d'aller voir, du côté de l'est, la montagne de *Saint-Cassien*, où l'on trouve une
grotte de stalactites calcaires; de redescendre
ensuite dans la plaine, et de nous diriger à
l'ouest vers le *Baou de Bretagne*, pour aller de
là à la vallée de *Saint-Pons*. Mais nous aimions
à nous livrer à l'aventure, et nous prétendîmes
arriver au même point en suivant la crête de la
montagne. Ce ne fut pas sans avoir erré pendant long-temps, ayant sous nos pas des fentes,
des fissures, des crevasses causées par des
éboulements et les eaux de pluie ; sans nous
être exposés à des dangers réels en essayant de
descendre par l'un des endroits les plus escar-
pés, que nous parvînmes avec beaucoup d'efforts
au *Baou de Bretagne*. Arrivés là, nous nous
arrêtâmes quelques instants pour contempler encore une fois ces lieux comme si nous
ne devions plus les revoir; et dans lesquels pourtant nous devions nous retrouver tous les

deux quelques mois après. Nous entrâmes dans
la vallée de Saint-Pons après avoir jeté un dernier regard sur le *Lot des Pères*.

Nous suivîmes pendant plus de deux heures la
pente d'un vallon très-pittoresque, ombragé d'un
bois de pins qui devenoit toujours plus épais; en-
tourés de deux montagnes dont les crêtes s'élevoient verticalement sur des abîmes de verdure;
tantôt suspendus sur la pointe d'un rocher ;
tantôt marchant au fond d'un torrent desséché,
et suivant les contours et les aspérités des côteaux. Tout à coup nous aperçûmes dans le
bas-fond une prairie coupée en sens divers par
des arbres touffus. Nous précipitâmes nos pas :
déjà nous étions dans cette prairie, sur le bord
de la fontaine. Le lierre escaladoit les murs
d'un vieux monastère (1). Des liannes qui s'en-
laçoient dans les branches des arbres retomboient en guirlandes sur cet antique asile de la
piété, tandis que de grands rochers inaccessibles s'élançoient fièrement sur nos têtes. A
l'extrémité de l'avenue du monastère on voit
une énorme roche, comme une borne immense
et placée dans un angle. La main de la nature
l'avoit jetée-là comme pour attester la majesté
de ces lieux.

Quand tout à coup l'horizon s'ouvrant du
côté de l'occident, nous laissa voir le disque
enflammé du soleil prêt à s'éteindre derrière

_____

(1) Voy. la note G, à la fin de l'ouvrage.

les monts. Bientôt nous admirâmes, à la faveur de ses derniers rayons, l'art joint à la
nature. Cette source étoit devenue une petite
rivière qui alimentoit quantité de fabriques et
d'usines. Ces eaux qui s'élevoient en bouillon-
nant, et qui retomboient en pluie au moyen
des roues; ces maisons aplaties, noircies par la
fumée et l'humidité; ces ponts suspendus, ces
touffes d'arbres qui ombrageoient ces retraites
de l'industrie; cette diversité d'aspects et de
sites; ces prairies en amphithéâtre, nous offroient
à chaque pas des accidents toujours nouveaux.
Un rocher nous présentoit, dans le lointain,
son sommet hérissé des débris d'un vieux château. Les rayons du soleil couchant qui tom-
boient sur ces murs crénelés projetoient leurs
ombres gigantesques sur la pente des côteaux.
Une douce température, une fraîcheur déli-
cieuse animoient ces paysages. Le gémissement
des roues, le mouvement des ondes, le bruisse-
ment des feuilles, tout prenoit une voix pour
nous charmer, et la nature nous faisoit entendre
son harmonie sauvage.

Le soleil avoit disparu derrière les monts les
plus éloignés. De légers nuages s'élevoient
à l'occident comme des franges et des gazes
pourprées. L'univers étoit devenu comme un
temple mystérieux, et les jouissances vagues
succédoient aux charmes de la réalité.

Nous arrivions à Gémenos. Nous repassions
dans notre esprit les diverses situations de la
journée : le matin, chez les Trappistes; plus

tard, témoins d'une cérémonie imposante qui
se passoit au fond d'un rocher; plus tard enfin,
jouissant de l'aspect d'un vallon enchanté qu'on
n'a pas craint de comparer aux sites de la
Suisse. Toutes ces impressions s'étoient succédé
si rapidement, que la plupart d'entre elles
n'étoient déjà plus que des souvenirs.

Le lendemain, nous allâmes nous promener
au château de M. d'***. Une grille en fer s'élève
entre deux masses d'eau. Le parterre est une
ellipse d'une majestueuse simplicité. Le parc est
un des plus beaux du Midi, et les brillantes
gerbes qui s'élancent des nombreux bassins
donnent une idée du luxe et de la magnificence
des maisons royales (1).

En passant à Aubagne, nous vîmes la maison
de l'abbé Barthelemy, auteur du *Voyage
d'Anacharsis*. Le hasard voulut que la personne
que nous priâmes de vouloir bien nous l'indiquer
fût un de ses neveux (2). Nous nous dirigeâmes
vers Marseille, où une voiture nous attendoit
pour nous ramener à Aix. Rien de remarquable
sur notre chemin, si ce n'est une espèce de
pyramide que nous aperçûmes non loin du
village des *Pennes*, et que l'on dit être le tombeau
d'un général romain. C'est sans doute une curiosité bien noble que celle qui nous porte à
parcourir et à recueillir avec avidité les vestiges

(1) Voy. la note H, à la fin de l'ouvrage.
(2) Voy. la note I, à la fin de l'ouvrage.

de l'ancienne grandeur du *peuple-roi*. Mais après tout, le sentiment qui domine n'est bien souvent qu'une froide et stérile admiration. Je l'avouerai : une simple croix de bois; une pierre modeste que je trouve sur le bord d'un chemin et sur laquelle est tracé le nom d'une mère, d'une vierge, d'un pasteur, d'un héros de ces derniers temps, m'intéresse bien plus vivement que ces ruines imposantes. Chrétien, pourrai-je refuser un soupir, une larme au chrétien qui me crie de sa tombe : *Passant, priez pour moi ?*

Ainsi la mort qui nous sépare de ceux auxquels nous sommes le plus étroitement unis dans la vie, rapproche toutes les distances. Notre pensée se confond avec la dernière pensée de celui de qui nous pressons la poussière; tandis qu'au milieu de l'agitation du monde, les hommes passent sans cesse les uns auprès des autres, sans se regarder; se heurtant quelquefois; et chacun poursuivant son chemin comme s'il étoit seul sur la terre.

Nous arrivâmes à Marseille où nous reprîmes nos habits mondains; nous nous étions si bien trouvés sous le costume de pélerins! Nous crûmes en les quittant renoncer à une ancienne et douce habitude, et, pour nous faire au monde que nous avions perdu quelques instants de vue, nous eûmes besoin d'un nouvel apprentissage. Nous rentrâmes dans nos foyers après trois jours d'une marche continue, non sans avoir failli payer cher notre témérité sur la

4

crête de la montagne. Nous n'étions point les
seuls à qui pareil sort fût arrivé. Une vieille
chronique rapporte que deux voyageurs anglais
ayant entendu parler de la Sainte-Beaume et des
miracles qui s'y opéroient, partirent de Toulon,
au cœur de l'hiver, à travers des montagnes
couvertes de neige et de brouillards. Après
avoir erré long-temps dans des ravins et des
vallons, ils se précipitèrent au, fond d'un
abîme, et, grâces à leur foi vive et leurs
prières, ils durent leur salut à l'intercession de
Ste. Madeleine. Quant à nous, nous bénissions la
Providence, qui nous avoit procuré toutes sortes
de jouissances pures et innocentes pendant
notre voyage. Sans doute, comme elle exige
que nos démarches les plus indifférentes aient
un but utile, elle vouloit que ce voyage servît
à nous rendre meilleurs, en nous faisant admirer la grandeur de ses grâces chez les religieux;
sa puissance infinie dans la nature ; sa bonté en
nous prodiguant ses soins et en gravant dans nos
cœurs mille souvenirs touchants qui ne s'efface-
ront jamais.

Je me suis autant attaché, dans ce récit, à
rendre les diverses impressions que j'ai éprou-
vées qu'à faire la description des lieux que nous
avons parcourus. Partager ces impressions avec
un ami tel que celui qui m'accompagnoit, c'é-
toit les ressentir doublement. Quel plaisir lorsque le même objet faisoit jaillir chez tous les
deux la même pensée et nous frappoit pour
ainsi dire au même endroit ! Avec quel intérêt,

avec quelle secrète curiosité je pénétrois, à son insu, dans le cœur de mon ami, pour dérober à sa modestie quelque vertu qui m'avoit échappé au milieu du monde! Nous marchions dans des chemins qui nous étoient le plus souvent inconnus; nous laissant aller à toutes nos imaginations; épiloguant sur tout ce qui se présentoit à nos yeux; sans nous inquiéter ni de l'heure, ni des distances, ni de nous-mêmes; parcourant quelquefois en silence un long espace en nous livrant chacun à nos rêveries; interrogeant les passants, nous détournant de la route à la moindre curiosité; nous arrêtant sous un ombrage pour prendre des notes; écrivant même au clair de la lune. Moralistes plus qu'observateurs, le plus mince sujet nous fournissoit souvent de très-grandes réflexions, car, ici bas, tout est leçon pour l'homme.

(MAI 1826.)

LE 24 mai de l'année suivante, nous partîmes d'Aix, à pied, mon ami et moi, pour aller revoir la Sainte-Beaume et les Trappistes. Du haut des collines qui sont au sud de la ville, au pied desquelles coule la rivière de l'Arc, nous aperçûmes l'éternel *Baou de Bretagne*, qui porte son front au-dessus des montagnes environnantes, comme un phare placé-là pour guider les pas des pèlerins qui se rendent à la Sainte-Grotte. Voulant abréger notre chemin, nous résolûmes de n'en suivre aucun et d'éviter les grandes routes. Cette manière de voyager nous offroit en outre l'avantage de voir des sites qui nous étoient inconnus. M. de S..... me fit une observation bien simple : la Sainte-Beaume est là, me dit-il, en la montrant de la main ; or, la ligne droite est le plus court chemin d'un lieu à un autre ; il n'y a donc qu'à marcher directement vers ce point. Cette logique me parut concluante. Cependant elle n'étoit bonne qu'en théorie, car bientôt nous nous trouvâmes dans la nécessité, ou de nous frayer un chemin à travers des champs cultivés, ce qui ne laisse pas que d'être à la fois très-pénible, et d'exposer les *chevaliers errants* à avoir quelque *affaire* avec les paysans provençaux qui n'entendent pas raillerie sur ce point ; ou de cotoyer ces champs, ce qui nous éloignoit de notre but en nous jetant sans cesse dans des sentiers détournés. Quoi qu'il en soit, nous arrivâmes le soir à *Auriol,* non sans avoir allongé notre route pour avoir voulu prendre le chemin le plus court.

Le lendemain matin, nous nous mîmes en marche à travers une vallée riche et fertile, et nous longeâmes des côteaux qui offroient à l'œil des sites pittoresques et variés. Quelques maisons blanches que l'on aperçoit entre le feuillage des arbres, bordent, des deux côtés, le chemin qui conduit à Saint-Zacharie, et sont comme les faubourgs de ce joli village. Nous ne nous arrêtâmes que le temps nécessaire pour voir l'église, comme nous avions coutume de faire partout où nous passions, et nous prîmes notre chemin au fond d'un vallon, sur le bord d'un torrent.

Bientôt la crête grisâtre de la Sainte-Beaume se dessina horizontalement au-dessus des côteaux verdoyants que nous avions devant nous. Nous approchions du couvent des Trappistes, non pas comme la première fois, au milieu de la nuit, au clair de la lune ; obligés de nous frayer en tâtonnant un sentier à travers des bois épais, peut-être exposés sans secours à des dangers inconnus. Nous étions au grand jour ; nous n'avions rien à craindre ; sûrs de notre chemin, nous pouvions même calculer l'instant de notre arrivée. Je ne sais pourquoi nous étions loin d'éprouver le même contentement. La témérité a ses charmes pour consoler de ses périls. Il y a d'ailleurs dans cette inquiétude de l'imagination et ce vague de pensées quelque chose d'attachant que n'a pas le plaisir classique de la réalité.

Tout à coup, nous nous trouvâmes enfoncés dans une gorge affreuse, environnés de toutes parts de rochers nus et stériles. Quelques tiges desséchées s'élevoient à peine sur un terrain jaunâtre et couvert de cailloux. Pas un oiseau, pas un être vivant n'animoit cette solitude. Dans l'enfoncement, l'œil découvroit une grange incendiée, entourée de décombres et d'un monceau de cendres noires. Le soleil qui ne paroissoit plus qu'à travers des nuages, laissoit tomber sur cette masure ses rayons inanimés. Je ne dirai pas quelle tristesse s'empara de moi à

cette vue. Mon âme se resserra comme si nous
venions d'échapper tous deux à la catastrophe
qui avoit frappé les malheureux habitants de
ces lieux. Nous eûmes pourtant la curiosité de
visiter les restes de cette grange. Nous entrâmes
dans ces murailles qui, seules, avoient résisté
aux flammes. De grandes poutres à demi-
brûlées étoient renversées obliquement sur un
tas de débris. La trace de l'eau qu'on avoit
inutilement prodiguée étoit encore empreinte
sur les murs calcinés. Nous considérions tous
deux ces ruines silencieuses ; semblables au
voyageur qui va chercher des émotions au fond
d'un tombeau.

Le désir d'arriver à la Trappe le céda pour
un instant à celui de visiter l'ermitage du
Plan d'Aups. Nous frappâmes à la porte. Le
curé vint nous ouvrir. Il nous reçut dans un
petit appartement, et nous invita de bon cœur
à nous reposer et à nous rafraîchir. Quelques
grossiers outils de menuiserie, quelques chaises
et une table composoient tout l'ameublement
du modeste presbytère. Il nous montra la chapelle qui n'étoit pas plus richement décorée.
Ce solitaire prétendoit avoir trouvé le bonheur
au haut d'un rocher très exposé au froid, ayant
à peine le nécessaire.

« Qui vit content de rien possède toutes choses, »

disoit-il ; puis il ajoutoit, d'un air satisfait, que
dans sa jeunesse il avoit su son Boileau.

Nous aurions eu mauvaise grâce à manger

les provisions du curé qu'à grand peine il faisoit venir des environs, à travers les montagnes,
sans le dédommager de l'hospitalité qu'il nous
avoit donnée. Nous ne pouvions néanmoins lui
offrir un salaire comme dans une auberge. La
charité est ingénieuse : « M. le curé, lui dit
» M. de S....., je viens de perdre une de mes
» cousines à la fleur de l'âge; j'ai une grâce à
» vous demander, c'est de vouloir bien célé-
» brer une messe pour elle. » Et en même
temps il lui glissa quelque argent dans les mains.
Le bon prêtre refusa. Mon ami insista. Le solitaire nous prit pour des malheureux qui alloient faire un pélerinage pour le salut de l'âme
de la défunte. Cette défunte étoit une parente
très-éloignée de M. de S....., qui étoit morte
depuis trois mois.

Nous descendîmes dans la plaine. Nous
avions déjà revu cette magnifique et antique
forêt de la Sainte-Beaume, au sommet de laquelle un nuage s'étoit arrêté. Nous entrâmes
bientôt dans les champs des Trappistes. Nous
apercevions de loin ces religieux - pasteurs,
couverts de leurs capuchons; les uns condui-
sant la charrue ; d'autres bêchant la terre ;
d'autres allumant des fourneaux; le gardien du
troupeau, priant, tête nue, à genoux, au milieu de ses brebis, tandis que sur la lisière
de la forêt, les vaches paissoient sous la conduite d'un autre Trappiste armé d'une longue
perche, qui les suivoit lentement à travers les
touffes de verdure.

Nous entrâmes dans le couvent. Le frère ho-
tellier, après s'être prosterné devant nous, reconnut les pélerins de l'année dernière, et
nous conduisit au supérieur qui nous reconnut
aussi. Celui-ci vit avec plaisir que ce n'étoit
pas la seule curiosité qui nous amenoit. C'étoit
le jour de la Fête-Dieu. Il nous invita à assister
à l'office, et l'on nous donna une place distinguée au chœur des Pères.

On nous offrit des livres pour suivre l'office.
Un Père qui s'étoit placé tout près de nous,
nous en indiquoit soigneusement toutes les
parties. Si les cérémonies n'ont pas autant de
pompe que dans les paroisses de nos grandes
villes, elles ont peut-être quelque chose de plus
grave et de plus sévère qui n'impose pas moins.
Ces Pères étoient rangés autour de l'autel,
vêtus de blanc, le front nu, le visage pâle,
immobiles, les mains croisées sur la poitrine,
les yeux attachés à la terre, ne s'asseyant jamais. C'étoient ordinairement le père abbé et
les plus âgés qui, alternativement, entonnoient
les psaumes. Je n'en remarquai qu'un ou deux
dont la voix s'étoit conservée assez forte.
Presque tous l'avoient tellement altérée qu'ils
nous laissoient dans l'incertitude de savoir s'ils
pourroient achever le verset commencé. Elle
s'éteignoit et tomboit à chaque phrase, et il
falloit un pénible effort de poitrine pour la
ranimer. Mais rien n'égale le respect avec lequel
ils récitent l'antienne de la Vierge. Le *Salve*

Regina dura plus d'une demi heure. Ils res-
tèrent plusieurs minutes sur chacune de ces
exclamations *ô clemens! ô pia!* en faisant à
chaque fois une génuflexion profonde.

Après l'heure de travail qui suit l'office, on
se rendit à la grande salle pour entendre une
lecture spirituelle. Cette lecture finie, le supérieur adressa aux religieux une courte exhorta-
tion.

La cloche appela les religieux au réfectoire.
On nous plaça à la table du supérieur. A un
signal que le père abbé donne en frappant
la table avec son couteau, le lecteur ferme le
livre, chaque religieux interrompt son repas,
pour s'élever en esprit vers celui qui leur donne
le pain quotidien, et ils ne continuent de
manger qu'au même signal répété. Il faut
ajouter qu'ils ne boivent pas non plus à volonté
et suivant le besoin qu'ils éprouvent, mais seu-
lement lorsque le supérieur agite sa sonnette.
Ces religieux qui ont trouvé le moyen d'étouf-
fer jusqu'à ce sentiment de satisfaction que
ressent la nature dans l'acte le plus nécessaire
à l'existence ; qui en ont fait au contraire un
acte d'expiation, et qui ne nourrissent leur corps
que pour le mortifier, ont les attentions les plus
délicates, les égards les plus minutieux pour les
étrangers qu'ils admettent à leur table et auxquels ils offrent de si rigides exemples.

Je n'omettrai pas une circonstance qui n'é-

5

toit pas la moins touchante. Trois de ces religieux mangèrent à genoux au milieu du réfectoire. L'un portoit sur sa poitrine une feuille
de carton, sur laquelle étoit écrit, en gros ca-
ractères, le mot *orgueilleux*. Il ne commença
de manger qu'après avoir passé un quart
d'heure les bras en croix. Son repas ne se
composa que d'un peu de pain à l'eau. Le second portoit sur sa poitrine le mot *dissipation;*
le troisième, le mot *sensualité*. Peut-être, ac-
cablé de lassitude, ce dernier s'étoit-il légèrement appuyé contre le mur. Tous les trois
étoient tournés vers la table des étrangers pour
que nous fussions les témoins de leur pénitence. Mais nos yeux se mouillèrent lorsque
nous vîmes un des pères les plus âgés, dont la
figure noble et distinguée m'avoit déjà frappé
à l'autel, se lever de sa place, se prosterner
devant le supérieur, et abaisser sa tête chauve
aux pieds de chacun de ses confrères, qu'il
baisa en se traînant au dessous des tables
comme le dernier des hommes. C'est la punition
qu'ils s'infligent eux-mêmes pour une distraction
involontaire.

Nous nous rendîmes, après les grâces, et
dans le plus grand ordre, à la chapelle, pour
la prière du soir. Après cela, les Trappistes en-
trèrent une seconde fois dans la grande salle.
C'étoit un beau spectacle de voir, à la faveur
des derniers rayons du jour, cinquante religieux,
étendus à terre, comme des cadavres, réciter à

voix basse le *Miserere*, et terminer leur journée
par l'image de la mort. Ils se lèvent ensuite, et
vont en silence retrouver leurs couches : on
diroit des ombres qui cherchent leurs tom-
beaux. Ainsi tout respire la mort au couvent
de la Trappe. C'est la grande, c'est l'unique pensée dont on y est frappé; toutes les autres en
sont bannies : celle-là seule y est vivante.

On nous donna une chambre assez commode
pour passer la nuit. A notre lever, nous partîmes pour la Sainte-Beaume. Les religieux se
prosternoient sur notre passage. Et cependant qu'étions-nous? des profanes parmi des
saints. Ces hommes qui cherchent dans le
monde des adorations, qu'ils viennent à la
Trappe, et ils verront des hommes comme eux
embrasser leurs genoux. Mais ce n'est pas là
ce qu'ils demandent. Ils ne veulent pas d'un
hommage qui condamne leur vanité bien plus
qu'il ne la flatte.

Nous traversâmes encore une fois cette
vieille forêt des Gaules, où la nature plus
grande, plus variée que dans tous les autres
lieux de la Provence, semble avoir abandonné
les formes symétriques et monotones qu'elle a
partout ailleurs, pour étonner le voyageur par
sa hardiesse, sa fécondité, quelquefois par sa
bizarrerie, en y réunissant les productions qui
appartiennent à différents climats. Le même
gazon, le même duvet qui parent les allées de

Versailles, couvrent ici un sol que la main de
l'homme n'a jamais remué, et qui est foulé
aux pieds par des solitaires et des bergers. Des
arbres que l'on voit à Chantilly, croissent à
côté de l'érable et du sapin. Le chant des
oiseaux qui retentit dans nos salons, y est entrecoupé par le cri sinistre de l'effraye du rocher. De ce mélange de gracieux et de sévère
résultoit le plus beau des contrastes. Nous
nous assîmes sur la mousse, sous les voûtes
formées par les branches entrelacées de tant
d'arbres divers, pour contempler ces lieux encore tout pleins de la pénitence de Madeleine.
Elle étoit peut-être venue pleurer au même
endroit, au pied du chêne antique.

Avant de monter à la grotte, je gravai sur
la pierre mon nom et la date de ce jour:
c'étoit le 26 mai. Nous nous trouvâmes bientôt
seuls sur cette même terrasse où, l'année
précédente, le Trappiste, entouré d'une foule
pieuse, avoit fait l'oraison sur la nécessité de
la pénitence. Sans doute ses paroles ne s'é-
toient pas perdues sans fruit dans le désert.
Nous examinâmes la grotte et la chapelle avec
une attention nouvelle. Je descendis dans la
grotte souterraine, à l'endroit où la sainte
venoit méditer. Je touchois le même rocher
qu'elle avoit arrosé trente ans de ses larmes;
au bord de cette source qui avoit coulé à ses
pieds avec le même bruit. J'étois abîmé dans
mes pensées. On se rappelle que l'on voit, au
fond de cette caverne, la statue de François Ier

et celle de Claude de France son épouse. Tous
ces souvenirs étoient vivants autour de moi. Il
me sembloit que des liens invisibles m'atta-
choient à ces lieux consacrés à la fois par le
talent, la piété des rois, la foi des peuples, et
les larmes d'une sainte. C'est ainsi que toutes
les grandeurs se réunissent lorsqu'elles ont pour
objet quelque chose qui ne passe pas.

Le concierge nous avertit que le son de la
cloche nous appeloit à la messe. Avant de
sortir de la grotte, je remplis une bouteille
de cette eau à laquelle les fidèles attachent
une vertu surnaturelle. Nous descendîmes au
couvent. Nous reprîmes au chœur les mêmes
places que la veille. Après la messe, nous
allâmes faire une visite au supérieur. Nous
l'interrogeâmes sur la réforme de l'abbé de
Rancé et sur divers points du règlement des
Trappistes. Il nous montra de grands *in folio*
manuscrits, où ce règlement est tracé jour
par jour. Il nous fit présent de quelques croix,
de quelques médailles, de quelques prières im-
primées. Il bénit tous ces objets ainsi que l'eau
de la Sainte-Beaume.

Après le diner nous prîmes congé des religieux et du père abbé en particulier. Nous
inscrivîmes nos noms sur le grand livre des
étrangers, et nous partîmes après avoir reçu la
bénédiction du vénérable Trappiste.

Arrivés au haut de la montagne qui désor-
mais alloit nous séparer de ces lieux et les dé-

rober à notre vue, nous les saluâmes, non pas
en vers brillants, mais en récitant, à genoux
sur le rocher, et tournés vers la grotte, une
courte prière. Il étoit deux heures moins quelques minutes lorsqu'ils disparurent à nos yeux.
Vingt-quatre heures après, nous étions rendus
à Aix.

Maintenant, séparés l'un de l'autre, les deux
voyageurs ont part aux prières que les religieux
font chaque jour. Du fond de leur silence,
partent des voix qui s'élèvent jusqu'à l'Éternel, et lui portent les vœux qu'ils forment
pour ces passagers inconnus, qui leur ont con-
sacré quelques instants de leur vie agitée. Du
milieu des distractions de tout genre qui se
succèdent si rapidement dans le monde, du milieu de ce tourbillon d'affaires, de peines, de
plaisirs, nous pouvons les oublier quelque temps;
nous pouvons nous oublier nous-mêmes.....Ils
ne nous oublient pas, eux; et, de leur retraite,
ils veillent sur nos pas, comme des anges tuté-
laires.

NOTES.

NOTES.

***

(Note A, page 3.)

La bataille de Marius dans la plaine qu'on a appelée depuis la plaine de *Pourrières* (*Campi-Putridi*), à cause de l'infection des cadavres, fut donnée l'an du monde 3952 ; de la fondation de Rome, 651 ; 100 ans avant J.-C.; 21 ans après la fondation de la ville d'Aix. On peut voir la description de cette bataille dans Plutarque et Florus. Ce fut à cette occasion que les Cimbres inventèrent les tambours. (*Strabon*, liv. 7.)

Marius a donné son nom à plusieurs lieux de la Provence où il s'est arrêté, comme le village de *Meyrargues* (*Marii Ager*).

(Note B, page 4.)

Confirmation des priviléges accordés par les rois de France aux religieux du couvent de la Sainte-Beaume et de Saint-Maximin, par Louis XIV.

« Louis, par la grâce de Dieu, Roi de France et de Navarre, comte de Provence, Forcalquier et terres adjacentes, à tous présents et à venir, salut. Nos chers et bien amés les prieurs et religieux du couvent royal réformé de sainte Madeleine de la Sainte-Beaume, de l'ordre des Frères Prêcheurs de notre ville de Saint-Maximin en Provence, nous ont fait dire et remontrer que les feux rois, comtes de Pro-

6

vence, nos prédécesseurs, ont fondé et doté ledit
couvent, et que, pour illustrer davantage icelui, à
raison du corps de la sainte Madeleine qui repose
audit couvent, et du lieu de sa pénitence, la Sainte-
Beaume , ils leur auroient donné et octroyé plusieurs beaux privilèges, exemptions, franchises et
libertés qui leur ont été continués et confirmés de
temps en temps par nos prédécesseurs rois, et dont
lesdits exposants ont toujours joui jusqu'à présent ;
et que, craignant d'être troublés et empêchés en la
continuation et jouissance d'iceux, par le décès de
notre très-honoré seigneur et père, ils nous ont
très-humblement supplié et requis leur vouloir
octroyer à notre nouvel avénement à la couronne
nos lettres de confirmation à ce nécessaires, pour
être maintenus, gardés et conservés lesdits priviléges et exemptions. A ces causes, inclinant à leur
très-humble supplication, et désirant leur conserver
les libertés, grâces et exemptions dont nos prédécesseurs ont usé envers eux, et en considération
tant dudit corps de la sainte Madeleine qui repose
audit couvent de Saint-Maximin, que du lieu
de sa pénitence la Sainte-Baume, de notre grâce
spéciale, pleine puissance et autorité royale, avons
continué et confirmé, continuons et confirmons
auxdits prieur, religieux et couvent, par ces présentes, tous et chacuns lesdits priviléges, exemptions, franchises et libertés à eux concédés, oc-
troyés et continués par nosdits prédécesseurs rois,
comtes de Provence, pour en jouir par eux et leurs
successeurs, en la même forme et manière, et tout
ainsi qu'ils en ont bien et dûment joui et usé,
jouissent et usent encore de présent. Si donnons
en mandement à nos amés et féaux conseillers,
les gents tenant notre cour de parlement, cour de
nos comptes, aides et finances, trésoriers de France
audit pays, et à tous nos autres sujets et officiers
qu'il appartiendra, que de nos présentes lettres de
confirmation de priviléges et de tout le contenu en

iceux, ils fassent, souffrent et laissent jouir et user
pleinement, paisiblement et perpétuellement lesdits religieux et leurs successeurs, sans souffrir
leur être fait aucun trouble ou empêchement au
contraire : Car tel est notre plaisir. Et, afin que ce
soit chose ferme et stable à toujours, nous avons
fait mettre notre scel à cesdites présentes, sauf en
autres choses notre droit et l'autrui. Donné à Paris,
au mois d'octobre, l'an de grâce mil six cent qua-
rante-trois, et de notre règne le premier. Signé
LOUIS ; et sur le repli : Par le Roi, comte de
Provence, la Reine régente sa mère présente,
DE LOMENIE; ainsi signé, scellées du grand sceau
de cire verte à lacs de soie rouge et verte. Enre-
gistrées ès registres des lettres royaux de la cour
de parlement de Provence, en suite de l'arrêt du
dix-neuvième janvier mil six cent quarante-quatre:
signé ETIENNE. Registrées aux registres et archives
du Roi en Provence, suivant l'arrêt de la cour des
comptes, aides et finances audit pays, du vingt-
neuf janvier 1644. »　　　　Signé MENC.

(Note C, page 16.)

Quelques-uns de nos lecteurs nous sauront gré
de leur faire connoître une description de la Sainte-
Beaume en vers latins, que Pétrarque adressa à
Philippe de Cabassoles, évêque de Cavaillon. Le
poète s'adresse d'abord à sainte Madeleine :

«Dulcis amica Dei, lacrymis inflectere nostris,
»Atque humiles attende preces, nostræque saluti
»Consule, namque potes ; nec enim tibi tangere frustrà
»Permissum, gemituque pedes perfundere sacros,
»Et nitidis siccare comis, ferre oscula plantis ;
»Inque caput Domini pretiosos spargere odores ;
»Nec tibi congressus primos à morte resurgens,
»Et voces audire suas, et membra videre,
»Immortale decus, lumen habitura per ævum
»Necquicquam dedit ætherei rex Christus Olympi.
»Viderat illa cruci hærentem, nec dira paventem

» Judaicæ tormenta manûs, turbæque furentis
» Jurgia, et insulsas æquantes verbera linguas,
» Sed mœstam intrepidamque simul digitisque cruentos
» Tractantem clavos, implentem vulnera fletu,
» Vellentem flavos manibus sine more capillos.
» Viderat hæc, inquam, dùm pectora fida suorum
» Diffugerent pellente metu : memor ergo revisit
» Te quoque digressus terris ad astra revérsus.
» Bis tria lustra cibi nunquam mortalis egentem
» Rupe sub hâc aluit, tam longo in tempore solis
» Divinis sustentam epulis et rore salubri.
» Hæc domus antra tibi, stillantibus horrida saxis,
» Horrifico tenebrosa situ, tecta aurea regum,
» Delicias omnes et ditia vicerat arva ;
» Hîc inclusa libens, longis vestita capillis,
» Veste carens aliâ, ter denos passa decembres
» Diceris, hîc non fracta gelu nec fracta pavore :
» Namque fames, frigus, durum quoque saxa cubile
» Dulcia fecit amor, spesque alto pectore fixa ;
» Nec hominum non visa oculis, stipata catervis
» Angelicis, septemque dies subvecta per auras,
» Cœlestes audire choros alterna canentes
» Carmina corporeo de carcere digna fuisti. »

(Note D, page 17.)

Extrait des lettres patentes de Louis XIV sur la translation des reliques de sainte Marie Madeleine, données à son passage à Saint-Maximin.

« Louis, par la grâce de Dieu, roi de France et de Navarre, comte de Provence, Forcalquier et terres adjacentes, à tous ceux qui ces présentes lettres verront, salut. Nous ne saurions donner de plus évidentes preuves de la créance que nous professons de la résurrection de la chair et de la vie éternelle, qu'en témoignant par effet la vénération que nous avons pour les cendres et pour les reliques des saints qui ont à devenir, par leur réunion à leurs âmes bienheureuses, les membres d'un corps dont notre Sauveur est le chef. C'est pourquoi, étant informés par la tradition et par divers titres et enseignements, que les os de cette incomparable pénitente sainte Marie Madeleine, qui reçut autrefois de la bouche de la vérité même l'éloge de sa parfaite contrition et l'assurance de la rémission de ses péchés, et qui fut la première honorée de l'apparition et du signe de Jésus ressuscité, reposent, en attendant sa venue, en l'église de Saint-Maximin; sur ce qui a été jugé à propos de transférer d'une châsse de bois qui étoit sur le principal autel, dans une urne de porphyre, que le sieur Dominique de Marin, archevêque d'Avignon, y a donnée à cette intention, nous avons cru, après avoir été présent à cette translation, en devoir le témoignage au public, tenant à grande gloire de rendre, comme nous faisons avec révérence, cet honneur à la sépulture de cette grande sainte, et nous confiant qu'elle qui répandit en l'honneur de celle de notre Sauveur ses précieux baumes avec telle effusion d'amour et de charité, qu'il voulût que cette action fût publiée par tout le monde, fera aussi que nos devoirs et nos offrandes lui seront agréables. A ces causes, savoir faisons que le quatrième jour de ce mois, sur les six heures après midi, étant descendu en la compagnie de la Reine notre très-honorée dame et mère, assisté de notre très-cher et très-amé frère unique le duc d'Anjou, et des principales personnes de notre cour, en l'église de Saint-Maximin, dite de Ville-Late, reçus à la porte de nos chers et bien amés le père prieur et religieux de l'ordre des Frères Prêcheurs, conduits vers le grand autel, où étoit ledit sieur archevêque d'Avignon, après les prières et actions de grâces rendues à Dieu, ils nous firent voir ladite urne de porphyre et toutes choses prêtes pour la cérémonie de ladite translation, laquelle ayant été remise au lendemain cinquième de ce mois, nous fûmes dès le matin en dévotion à la Sainte-Beaume, que l'on tient être le lieu où la sainte, exilée de son pays, a passé le reste de ses jours en solitude et en prières, d'où, sur le soir du même jour cinquième, étant revenus en ladite église de Saint-Maximin, on nous représenta ladite caisse de bois, fermée de quatre serrures, tenue par deux chaînes de fer, laquelle fut ouverte en la présence de la Reine et de notre frère le duc d'Anjou, dudit sieur archevêque, du prieur et religieux dudit lieu, et plusieurs personnes de notre suite ; et dans ladite caisse il en fut trouvé une de cuivre, garnie au-dedans de drap d'or, et en icelle un linge cacheté de deux sceaux royaux, attaché à un ruban blanc, qui enfermoient les ossements de la sainte, lesquels nous vîmes, et fîmes voir et considérer de près par notre amé et féal conseiller en nos conseils d'Etat et privé, messire Antoine Valot notre premier médecin, que nous avions appelé pour les examiner selon les règles de sa profession, comme il fit, et aussitôt ils furent mis en un autre linge par ledit sieur archevêque d'Avignon, assisté du prieur de ladite église, et ce linge enveloppé en une écharpe bleue et remis en une caisse de plomb garnie dedans et dehors d'un brocard d'or, et cette caisse fermée à deux serrures, dont nous avons voulu que les clefs fussent rompues en notre présence. En suite de quoi ladite caisse ayant été attachée avec deux rubans bleus, nous y apposâmes notre cachet en dix endroits différents. Il se trouva de plus en ladite caisse de cuivre des lettres en parchemin avec leurs sceaux pendants en cire jaune, portant divers témoignages et attestations touchant lesdites saintes reliques, et, entre autres, un acte de l'année mil deux cent quatre-vingts, donné audit lieu de Saint-Maximin, au mois de décembre, par Charles, prince de Salerne, fils aîné de Charles premier, roi de Sicile et de Jérusalem, comte de Provence, et par les archevêques de Narbonne, d'Arles, d'Embrun et d'Aix, et les évêques de Magalone, Agde et Glandèves, faisant mention de deux billets enfermés dans des boîtes de liége, dont l'un portait ces mots latins : *Hìc requiescit corpus Mariæ Magdalenæ ;* et l'autre ceux-ci : *Anno nativitatis dominicæ septingentesimo decimo, sexto mensis decembris, in nocte secretissimâ, regnante Clodovæo, piissimo rege Francorum, tempore infestationis gentis Saracenorum, translatûm fuit corpus hoc clarissimæ et venerandæ beatæ Mariæ Magdalenæ de sepulchro suo alabastrino in hoc marmoreum, timore dictæ gentis perfidæ, et quia secretius est hìc, amoto corpore Cedonii.* Et le lendemain matin sixième de ce mois, ladite caisse ayant été solennellement portée par ledit sieur archevêque d'Avignon en procession, où nous assistâmes, elle fut mise, et ensemble lesdites lettres en parchemin, dans ladite châsse de porphyre, qui fut aussitôt fermée, et la sainte messe célébrée. C'est de quoi nous avons bien voulu rendre témoignage de la vérité par ces patentes signées de notre main, en l'honneur de Dieu, qui se plaît être glorifié en ses saints; voulant que pour cet effet, après lecture faite desdites présentes, elles soient enfermées avec les autres anciennes mentionnées ci-dessus, dans ladite châsse de porphyre, et ensemble le procès-verbal de la susdite translation, fait et signé par ledit sieur archevêque d'Avignon, et celui du père Thomas Majoly, prieur susdit, signé de lui et de ses religieux. Car tel est notre plaisir, en témoin de quoi nous avons à cesdites lettres fait apposer le scel de notre secret. Donné à Saint-Maximin, le vingt-deuxième jour de février, l'an de grâce mil six cent soixante, et de notre règne le dix-septième. Signé LOUIS; Et sur le repli : Par le Roi, comte de Provence, DE LOMÉNIE, et scellé du scel secret de sa Majesté. »

(Note E, page 18.)

Après le vœu dont nous parlons ici, *Anne d'Autriche* en fit un second en 1660, qui fut de visiter les reliques de sa patronne dans l'église cathédrale de la ville d'Apt. Cette église et la chapelle souterraine furent construites par saint Auspice, qui enferma dans ce dernier lieu le corps de sainte Anne, mère de la sainte Vierge, apporté en Provence par saint Lazare et sainte Madeleine. Ces précieuses reliques demeurèrent cachées dans ce souterrain jusqu'au milieu du VIIIᵉ siècle. Elles furent découvertes miraculeusement sous l'épiscopat de *Magneric*, par un jeune enfant, sourd-muet de naissance, à l'époque où Charlemagne, revenant d'Italie en France, s'arrêta à Apt.

A la fin du XIVᵉ siècle, une épidémie se manifesta dans la ville, et plusieurs guérisons miraculeuses furent opérées au moyen de ces reliques. Dès lors les évêques mirent cette dévotion en honneur. L'un d'eux, *Jean Filleti*, fit enfermer le chef de la sainte dans un buste qui fut appelé *Repositorium capitis divæ Annæ*. *Delphine de Sabran* donna 100 florins, et plusieurs dames se dépouillèrent de leurs bijoux. On ajouta dans la suite une châsse en vermeil, qui servoit d'appui au buste. Sous l'épiscopat de *Pierre Nasondi*, on fit le bras de sainte Anne, dans lequel fut enfermé l'os du pouce. Sous l'épiscopat de *Jean d'Hortigue*, en 1475, le roi René confirma le chapitre dans la jouissance de tous ses priviléges, en considération de ce qu'il étoit dépositaire du corps de sainte Anne. *Jean d'Hortigue* eut un neveu du même nom (*Urtica*), qui laissa dans la ville une famille de ses descendants. Cette famille existe encore.

La dévotion de sainte Anne a toujours été particulièrement honorée par les papes, les *magistrats* et les fidèles de la province.

Ce fut Modeste de Villeneuve, évêque d'Apt, qui eut l'honneur de recevoir Anne d'Autriche dans l'église cathédrale, lorsque, en 1660, cette princesse vint accomplir son vœu. Après avoir entendu la messe et satisfait à ses autres dévotions, elle fit présent à la chapelle de plusieurs dons précieux. Elle établit en outre à perpétuité une fondation annuelle de six messes, et promit une somme de 8000 livres pour achever la chapelle de sainte Anne, à laquelle on travailloit depuis cinq ans.

La chapelle de Ste-Anne a été construite en partie avec les pierres de l'amphithéâtre, qu'on tira de l'ancien cimetière, et sur le plan de l'église de Sainte-Marie-Majeure de Rome, à laquelle elle n'est inférieure que par son étendue. Le célèbre Mansard en dirigea les travaux (V. l'*Hist. de l'église d'Apt*, par M. l'abbé Boze). Cette chapelle, dégradée depuis long-temps, avoit besoin de réparations. M. de Martignan, sous-préfet d'Apt, dont le zèle ne connoît pas d'obstacles, secondé par M. le curé Arnavon, vient de faire restaurer, presque à ses frais, ce chef-d'œuvre d'architecture. L'inauguration a eu lieu le jour de Sainte-Anne, 26 juillet 1829. En ranimant ainsi une dévotion si chère aux habitants de la ville qu'il administre; en relevant un monument de la piété d'une reine de France, ce magistrat a montré que la religion est la meilleure protectrice des beaux-arts.

(Note F, page 20.)

« L'intérieur de la chapelle du Saint-Pilon fut »restauré par les ordres d'Éléonore, Ebronie de »Bergues, épouse de Frédéric-Maurice de la »Tour-d'Auvergne, prince de Sedan. En revenant »d'Italie, en 1647, elle fit cette pieuse fondation; »mais cet ouvrage ayant été interrompu, le car-»dinal de Bouillon, grand-aumônier de France, »fils de la donatrice, la fit reprendre en 1686. Une »inscription, placée extérieurement sur la porte, en »faisoit mention. On voyoit aussi au fond de la »chapelle deux écussons sur lesquels étoient les »armes de la Tour-d'Auvergne et de Bergues» (*Notice sur la Sainte-Beaume*, par feu M. le comte

7

de Villeneuve-Bargemont , préfet des Bouches-
du Rhône.)

(Note G, page 22.)

Un fermier de M. d'Albertas, jeune homme de
vingt à vingt-cinq ans, fut atteint, il y a quelques
années, d'une maladie extraordinaire , pendant
laquelle il donna des signes d'aliénation. Il
alla se retirer dans le monastère dont il est fait
ici mention, et, malgré les instances de ses parents,
il y resta vingt-deux jours enfermé. Tous les matins
on lui apportoit un pain et une carafe d'eau. Le
vingt-troisième jour, se sentant guéri, il sortit
pour reprendre ses travaux ordinaires. On trouva,
derrière la pierre de l'autel, les vingt-deux pains
auxquels il n'avoit pas touché. Pendant tout ce
temps, l'eau avoit été son unique aliment.

(Note H, page 24.)

«O riant Gémenos! ô vallon fortuné !
»Tel j'ai vu ton côteau de pampres couronné ,
» Que la figue chérit, que l'olive idolâtre,
» Etendre en verts gradins son riche amphithéâtre ;
»Et la terre par l'homme apportée à grands frais,
»D'un sol enfant de l'art étaler les bienfaits.
» Lieu charmant! trop heureux qui, dans ta belle plaine ,
» Où l'hiver indulgent attiédit son haleine,
»Au sein d'un doux abri , peut, sous ton ciel vermeil ,
» Avec tes orangers partager ton soleil ,
» Respirer leurs parfums , et , comme leur verdure ,
» Même au sein des frimats défier la froidure ! »
(*L'Homme des Champs*, chant 2e.)

Delille ajoute en note :
«Gémenos est un des vallons les plus riches et
»les plus brillants de la Provence. Il est situé sur
»la route de Marseille à Toulon. Le malheureux
»M. d'Albertas, égorgé dans son jardin au milieu
»d'une fête qu'il donnoit aux villages voisins, a
»créé auprès de son château un des plus magni-

»fiques jardins anglais qui **existent**. Une vieille
» église de templiers (1) y présente une ruine plus
» naturelle et plus imposante que la plupart de
» celles dont on prétend embellir nos jardins mo-
» dernes. J'ai cru devoir à ce lieu charmant, où
» j'ai échappé aux rigueurs du fameux hiver de 1769,
» cette marque de souvenir et ce témoignage de
» reconnoissance. »

(Note I, page 24.)

Aubagne est un pays où l'esprit révolution-
naire s'est montré dans toute sa fureur. Le décret
du 27 germinal avoit forcé toutes les familles
nobles de Marseille à s'expatrier. Plusieurs étoient
venues chercher un asile à Aubagne. La plupart
de ces familles étoient plongées dans la plus affreuse détresse. Les provisions les plus communes
et les plus nécessaires à l'existence leur étoient
vendues au poids de l'or. Les étrangers ne pou-
voient que très-difficilement prendre part à la dis-
tribution publique. Madame de M......avec ses cinq
enfants en bas âge étoit obligée de demander l'au-
mône dans les champs. Un jour une de ses filles,
qui m'a raconté elle-même ce fait, fit trois lieues
dans la campagne pour trouver un pain qu'elle
paya douze francs. Elle se hâta de porter à sa
mère ce pain qui leur assuroit encore un jour
d'existence. Tous les enfants se rassemblèrent
comme pour une fête. On ouvrit le pain. On trouva
tout l'intérieur moisi. On se partagea la croûte
comme l'on put. Tel étoit souvent, dans ce temps
de disette et de terreur, le repas d'une famille
nombreuse.

(1) Le monastère dont j'ai parlé plus haut.

FIN.